고려대 재미있는 한국어

듣기 Listening

고려대학교 한국어센터 편

③

KU PRESS
고려대학교출판문화원

고려대학교 한국어센터는 1986년 설립된 이래 한국어와 한국 문화를 재미있게 배우고 효과적으로 가르치는 방법을 연구해 왔습니다. 《고려대 한국어》와 《고려대 재미있는 한국어》는 한국어센터에서 내놓는 세 번째 교재로 그동안 쌓아 온 연구 및 교수 학습의 성과를 바탕으로 하고 있습니다.

이 책의 가장 큰 특징은 한국어를 처음 접하는 학습자도 쉽게 배워서 바로 사용할 수 있도록 구성했다는 점입니다. 한국어 환경에서 자주 쓰이는 항목을 최우선하여 선정하고 이 항목을 학습자가 교실 밖에서 사용할 수 있도록 연습 기회를 충분히 그리고 다양하게 제공하고 있습니다.

이 책을 내기까지 많은 분들의 도움을 받았습니다. 먼저 지금까지 고려대학교 한국어센터에서 한국어를 공부한 학습자들께 감사드립니다. 쉽고 재미있는 한국어 교수 학습에 대한 학습자들의 다양한 요구가 없었다면 이 책은 나오지 못했을 것입니다. 그리고 한국어 학습자들의 요구에 부응하기 위해 열정적으로 교육과 연구에 헌신하고 계신 고려대학교 한국어센터의 선생님들께도 감사드립니다.

무엇보다 한국어 학습자와 한국어 교원의 요구 그리고 한국어 교수 학습 환경을 종합적으로 고려한 최상의 한국어 교재를 위해 밤낮으로 고민하고 집필에 매진하신 저자분들께 깊은 감사를 드립니다. 이 밖에도 이 책이 보다 멋진 모습을 갖출 수 있도록 도와주신 고려대학교 출판문화원의 윤인진 원장님과 직원 여러분께도 감사드립니다. 그리고 집필진과 출판문화원의 요구를 수용하여 이 교재에 맵시를 입히고 멋을 더해 주신 랭기지플러스의 편집 및 디자인 전문가, 삽화가의 노고에도 깊은 경의를 표합니다.

부디 이 책이 쉽고 재미있게 한국어를 배우고자 하는 한국어 학습자와 효과적으로 한국어를 가르치고자 하는 한국어 교원 모두에게 도움이 되기를 바랍니다. 또한 앞으로 한국어 교육의 내용과 방향을 선도하는 역할도 아울러 할 수 있게 되기를 희망합니다.

2020년 9월

국제어학원장 김정숙

《고려대 한국어》와 《고려대 재미있는 한국어》는 '형태를 고려한 과제 중심 접근 방법'에 따라 개발된 교재입니다. 《고려대 한국어》는 언어 항목, 언어 기능, 문화 등이 통합된 교재이고, 《고려대 재미있는 한국어》는 말하기, 듣기, 읽기, 쓰기로 분리된 기능 교재입니다.

《고려대 한국어》 3A와 3B가 100시간 분량, 《고려대 재미있는 한국어》 말하기, 듣기, 읽기, 쓰기가 100시간 분량의 교육 내용을 담고 있습니다. 200시간의 정규 교육 과정에서는 여섯 권의 책을 모두 사용하고, 100시간 정도의 단기 교육 과정이나 해외 대학 등의 한국어 강의에서는 강의의 목적이나 학습자의 요구에 맞는 교재를 선택하여 사용할 수 있습니다.

<고려대 재미있는 한국어>의 특징

▶ **한국어 사용 환경에 놓이지 않은 학습자도 쉽게 배울 수 있습니다.**
- 한국어 표준 교육 과정에 맞춰 성취 수준을 낮췄습니다. 핵심 표현을 정확하고 유창하게 사용하는 것이 목표입니다.
- 제시되는 언어 표현을 통제하여 과도한 입력의 부담 없이 주제와 의사소통 기능에 충실할 수 있습니다.
- 알기 쉽게 제시하고 충분히 연습하는 단계를 마련하여 학습한 내용의 이해에 그치지 않고 바로 사용할 수 있습니다.

▶ **학습자의 동기를 이끄는 즐겁고 재미있는 교재입니다.**
- 한국어 학습자가 가장 많이 접하고 흥미로워하는 주제와 의사소통 기능을 다룹니다.
- 한국어 학습자의 특성과 요구를 반영하여 실제적인 자료를 제시하고 유의미한 과제 활동을 마련했습니다.
- 한국인의 언어생활, 언어 사용 환경의 변화를 발 빠르게 반영했습니다.
- 친근하고 생동감 있는 삽화와 입체적이고 감각적인 디자인으로 학습의 재미를 더합니다.

<고려대 재미있는 한국어 3>의 구성

▶ 말하기 18단원, 듣기 12단원, 읽기 12단원, 쓰기 12단원으로 구성하였으며 한 단원은 내용에 따라 1~4시간이 소요됩니다.

▶ 각 기능별 단원 구성은 아래와 같습니다.

말하기

도입	배워요 1~2	말해요 1~3	자기 평가
학습 목표 생각해 봐요	주제, 기능 수행에 필요한 어휘와 문법 제시 및 연습	• 형태적 연습/유의적 연습 • 의사소통 말하기 과제 • 역할극/인터뷰/게임 등	

듣기

도입	들어요 1	들어요 2~3	자기 평가	더 들어요
학습 목표 생각해 봐요	어휘나 표현에 집중한 부분 듣기	주제, 기능과 관련된 다양한 듣기		표현, 기능 등이 확장된 듣기

읽기

도입	읽어요 1	읽어요 2~3	자기 평가	더 읽어요
학습 목표 생각해 봐요	어휘나 표현에 집중한 부분 읽기	주제, 기능과 관련된 다양한 읽기		표현, 기능 등이 확장된 읽기

쓰기

도입	써요 1	써요 2	자기 평가
학습 목표	어휘나 표현에 집중한 문장 단위 쓰기	주제, 기능에 맞는 담화 차원의 쓰기	

▶ 교재의 앞부분에는 '이 책의 특징'을 배치했고, 교재의 뒷부분에는 '정답'과 '듣기 지문'을 부록으로 넣었습니다.

▶ 모든 듣기는 MP3 파일 형태로 내려받아 들을 수 있습니다.

<고려대 재미있는 한국어 3>의 목표

새로운 생활, 나의 성향, 공공 규칙, 생활비 관리 등 중급 수준에서 다루어야 하는 개인적, 사회적 주제에 대해 단락 단위로 이해하고 표현할 수 있습니다. 동아리 가입, 여행 계획 세우기, 공공장소 이용, 생활용품 구입 등을 통해 사회적 관계를 맺거나 사회적 맥락에서의 의사소통 기능을 수행할 수 있습니다. 구어와 문어, 격식체와 비격식체가 사용되는 맥락을 이해하고 정확하고 적절하게 사용할 수 있습니다.

이 책의 특징

단원 제목

· 단원의 제목입니다.

학습 목표

· 단원의 의사소통 목표입니다.

생각해 봐요

· 대화가 이루어지는 장면을 보면서 단원의 주제 또는
기능을 생각해 봅니다.

듣기 11
문화생활

 문화생활에 대한 대화를 듣고 이해할 수 있다.

 생각해 봐요

● 여기는 어디이고 여자는 무엇을 하러 왔습니까? 듣고 이야기하십시오. 111

🎧 들어요 1

1 다음을 듣고 두 사람이 무엇에 대해서 이야기하는지 맞는 것을 고르십시오. 112

1) _____ 2) _____ 3) _____ 4) _____

들어요 2, 3

· 단원의 주제와 기능이 구현된 담화 단위의 의사소통적
듣기 과제 활동입니다.
· 들어요 2와 3은 대화 상황, 참여자, 격식 등에 차이를 두
었습니다.

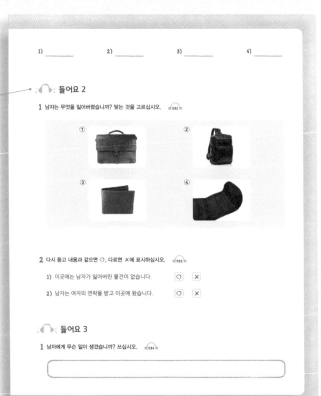

1) _____ 2) _____ 3) _____ 4) _____

🎧 들어요 2

1 남자는 무엇을 잃어버렸습니까? 맞는 것을 고르십시오. 093

① ② ③ ④

2 다시 듣고 내용과 같으면 ○, 다르면 ✕에 표시하십시오. 093

1) 이곳에는 남자가 잃어버린 물건이 없습니다. ○ ✕
2) 남자는 여자의 연락을 받고 이곳에 왔습니다. ○ ✕

🎧 들어요 3

1 남자에게 무슨 일이 생겼습니까? 쓰십시오. 094

들어요 1

- 단원의 주제를 표현하거나 기능을 수행하는 데 필요한 어휘 및 문법 표현에 초점을 둔 듣기 연습 활동입니다.
- 짧은 대화 단위의 듣기입니다.

🎧 **들어요 2**

1 남자는 뮤지컬을 보고 어떻게 느꼈는지 고르십시오. 🎧113

① 볼 만하다

② 감동적이다

③ 실망스럽다

2 다시 듣고 내용과 같은 것을 고르십시오. 🎧113

① 여자는 목요일마다 일이 있어서 회의를 못 합니다.

② 여자는 같은 뮤지컬을 여러 번 본 적이 있습니다.

③ 두 사람은 다음에 뮤지컬을 같이 보기로 했습니다.

2 다시 듣고 내용과 같은 것을 고르십시오. 🎧094

① 두 사람은 오늘 약속을 취소했습니다.

② 남자는 다쳐서 지금 병원에 가려고 합니다.

③ 남자는 운전하느라고 고양이를 못 봤습니다.

자기 평가

- 학습 목표의 달성 여부를 학습자가 스스로 점검합니다.

> 당황스러운 일에 대한 대화를 듣고 이해할 수 있어요? ☆☆☆☆☆

🎧 **더 들어요**

● 여자는 이제 무엇을 해야 됩니까? 맞는 것을 고르십시오. 🎧095

더 들어요

- 확장된 듣기 과제 활동입니다.
- 주제와 기능이 달라지거나 실제성이 강조된 듣기입니다.
- 단원의 성취 수준을 다소 상회하는 수준의 듣기로 단원의 목표에는 포함되지 않습니다. 학습자 수준에 따라 선택적으로 활동을 합니다.

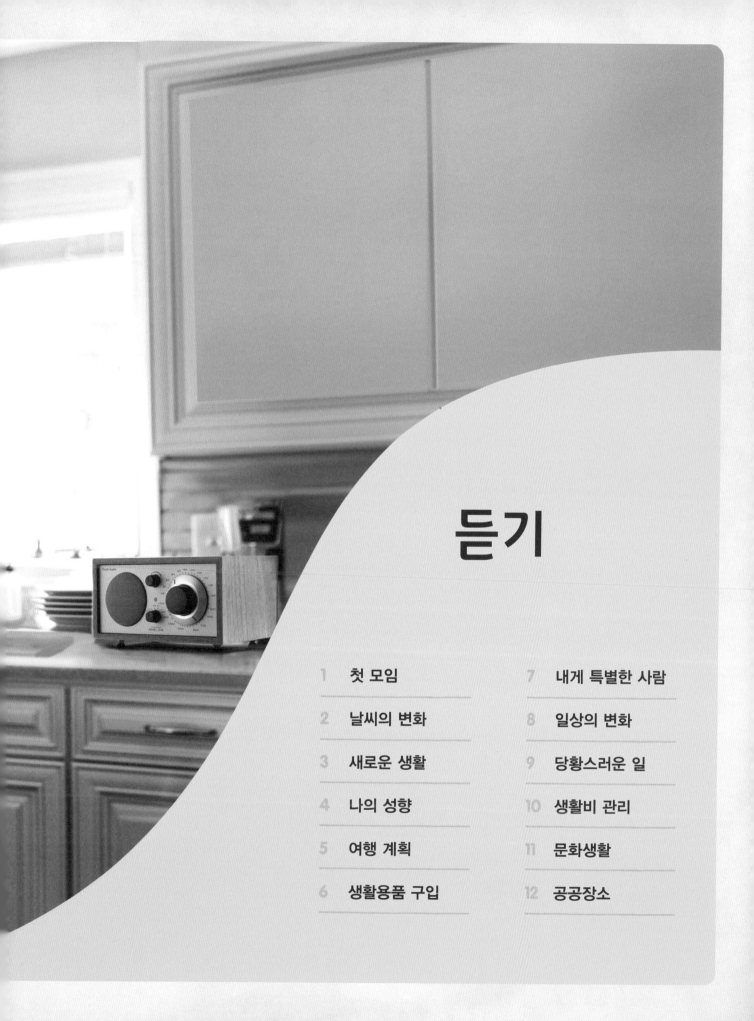

듣기

차례

부록

첫 모임

모임에 가입하거나 모임에서 자기소개를 하는 대화를 듣고 이해할 수 있다.

 생각해 봐요

● 이 사람들은 지금 무엇을 합니까? 듣고 이야기하십시오.

 들어요 1

1 다음 자기소개를 듣고 무엇을 알 수 있습니까? 아래에서 찾아 쓰십시오.

국적   나이   신분   직업   사는 곳

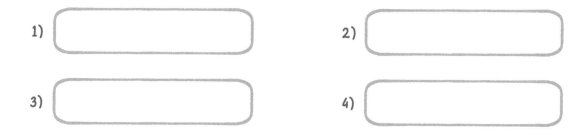

1) [   ]

2) [   ]

3) [   ]

4) [   ]

들어요 2

1 여자는 왜 전화를 했습니까? 맞는 것을 고르십시오. 013

① 악기 학원의 안내문을 받고 싶어서

② 좋은 악기 학원을 소개해 주려고

③ 악기 학원의 수업에 대해 물어보려고

2 다시 듣고 내용과 <u>다른</u> 것을 고르십시오. 013

① 자기 악기를 준비해서 가야 합니다.

② 처음 시작하는 사람도 배울 수 있습니다.

③ 수업은 오전, 오후 중에 선택할 수 있습니다.

들어요 3

1 이 사람은 무엇을 하고 있습니까? 맞는 것을 고르십시오. 014

① 동아리 소개

② 신입 회원 소개

③ 회원 모집 안내

④ 동아리 가입 방법 안내

2 다시 듣고 이 모임에 대한 설명으로 맞는 것을 고르십시오. 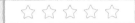 014

① 이 모임은 7년 전에 처음 생겼습니다.

② 이 모임은 초등학생도 가입할 수 있습니다.

③ 이 모임은 보통 주중에만 만납니다.

모임에 가입하거나 모임에서 자기소개를 하는 대화를 듣고 이해할 수 있어요?	☆ ☆ ☆ ☆ ☆ ☆

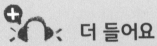 더 들어요

● 다음을 듣고 내용과 같으면 ○, 다르면 ✕에 표시하십시오. 015

1) 이 사람은 영화배우입니다.   ○   ✕

2) 이 사람은 2009년부터 라디오 방송을 하고 있습니다.   ○   ✕

듣기 2
날씨의 변화

날씨의 변화에 대한 대화를 듣고 이해할 수 있다.

 생각해 봐요

● 이 사람은 지금 무엇을 합니까? 지금 날씨는 어떻습니까? 듣고 이야기하십시오.

 들어요 1

1 다음을 듣고 들은 것과 같으면 ◯, 다르면 ✕에 표시하십시오.

1) 오늘 최고 기온은 16도입니다.   ◯   ✕

2) 지금 미국 뉴욕은 비가 옵니다.   ◯   ✕

3) 내일 오전에 서울은 공기가 좋습니다.　⟳　✕

4) 올해 첫눈 오는 날은 모릅니다.　⟳　✕

 **들어요 2**

1 다음을 듣고 오늘 날씨로 맞는 그림을 고르십시오. 🎧023

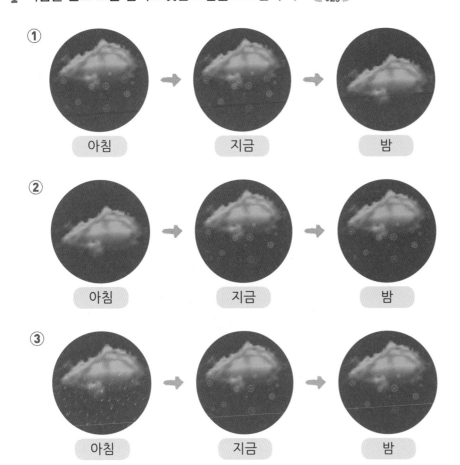

① 아침 → 지금 → 밤

② 아침 → 지금 → 밤

③ 아침 → 지금 → 밤

2 다시 듣고 내용과 같은 것을 고르십시오. 🎧023

① 여자는 눈이 많이 와서 운전을 안 할 겁니다.

② 남자는 일기 예보에서 오늘의 날씨를 들었습니다.

③ 올해는 눈이 자주 오지만 작년보다 춥지 않습니다.

 **들어요 3**

1 다음을 듣고 내용과 <u>다른</u> 것을 고르십시오.

   ① 오늘은 어제보다 기온이 높고 따뜻합니다.

   ② 요즘은 밤에도 기온이 높아서 잠을 잘 잘 수 없습니다.

   ③ 아침에는 공기가 나빴지만 오후부터는 달라질 것입니다.

2 다음 주 날씨는 어떻습니까? 맞는 것을 고르십시오.

①    ②    ③    ④

날씨의 변화에 대한 대화를 듣고 이해할 수 있어요?

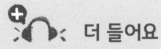 **더 들어요**

● 다음을 듣고 무엇을 설명하는지 답하십시오.

듣기 3
새로운 생활

 새로운 생활에 대한 대화를 듣고 이해할 수 있다.

 생각해 봐요

● 여자는 지금 무엇을 하고 있습니까? 듣고 이야기하십시오.

 들어요 1

1 여자는 지금 어디에서 삽니까? 맞는 것을 고르십시오.

1) _____   2) _____   3) _____   4) _____

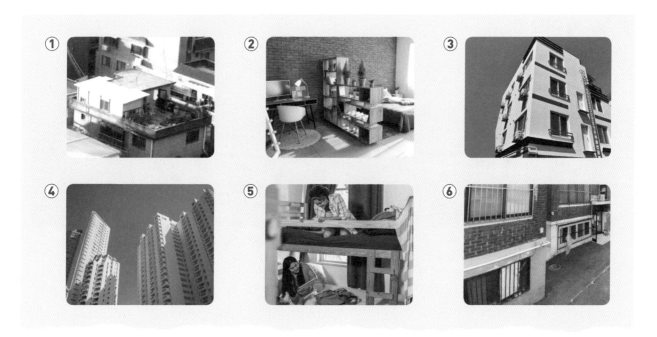

 들어요 2

1 두 사람은 무엇을 먹으려고 합니까? 맞는 것을 고르십시오. 🎧033

2 다시 듣고 내용과 같은 것을 고르십시오. 🎧033

① 남자는 채식주의자입니다.

② 두 사람은 저녁을 시켜 먹을 겁니다.

③ 여자는 볶음밥을 전에 만들어 봤습니다.

🎧 들어요 3

1 여자가 보러 갈 집은 어디입니까? 맞는 것을 고르십시오.

①  ②  ③

2 다시 듣고 내용과 같은 것을 고르십시오.

① 여자는 월세가 싼 집을 찾고 있습니다.

② 여자는 지금 집주인과 이야기하고 있습니다.

③ 여자는 회사에서 가까운 곳에서 살고 싶어 합니다.

새로운 생활에 대한 대화를 듣고 이해할 수 있어요?	☆ ☆ ☆ ☆ ☆

➕🎧 더 들어요

● 다음을 듣고 내용과 같으면 ◯, 다르면 ✕에 표시하십시오.

1) 이 사람은 요리 학원 선생님입니다. ◯ ✕

2) 이 사람은 오늘 볶음 요리를 만들려고 합니다. ◯ ✕

듣기 4
나의 성향

 성향에 대한 대화를 듣고 이해할 수 있다.

 생각해 봐요

● 여자는 어떤 성향입니까? 듣고 이야기하십시오.

 들어요 1

1 다음을 듣고 내용과 같으면 ◯, 다르면 ✕에 표시하십시오.

1) 여자는 일을 빨리 끝내지만 실수가 많습니다.　　◯　　✕

2) 남자는 자신의 성격이 마음에 들지 않습니다.　　◯　　✕

3) 여자는 부모님의 말을 듣고 이 일을 시작했습니다. 　〇　　✕

4) 남자는 처음 일을 할 때 덤벙대는 편이었습니다. 　〇　　✕

🎧 들어요 2

1 다음을 듣고 남자의 성격으로 맞는 것을 고르십시오. 🎧043

① 꼼꼼하다

② 느긋하다

③ 긍정적이다

④ 충동적이다

2 다시 듣고 내용과 같은 것을 고르십시오. 🎧043

① 남자는 여자의 발표를 들었습니다.

② 남자는 오늘 발표 연습을 할 것입니다.

③ 여자는 실수 없이 발표를 잘 마쳤습니다.

🎧 들어요 3

1 다음을 듣고 남자가 선택한 것에 ✔표를 하십시오. 🎧044

1)

내가 좋아하는 사람은

　☐ 따뜻한 사람　　☐ 똑똑한 사람

2)

해야 할 일이 있을 때

　☐ 다하고 놀아요.　　☐ 논 후에 해요.

3)

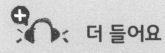

☐ 그럴 수도 있지.   ☐ 뭐를 잘못했지?

성향에 대한 대화를 듣고 이해할 수 있어요?	☆ ☆ ☆ ☆ ☆

➕🎧 더 들어요

● 다음을 듣고 내용과 같으면 ◯, 다르면 ✕에 표시하십시오.

1) 이 사람은 느긋한 자신의 성격이 마음에 들지 않습니다.   ◯   ✕

2) 다음 방송에서는 소극적인 사람에 대해 이야기할 것입니다.   ◯   ✕

여행 계획

여행 계획에 대한 대화를 듣고 이해할 수 있다.

 생각해 봐요

● 여기는 어디이고 여자는 지금 무엇을 합니까? 듣고 이야기하십시오.

 들어요 1

1 다음을 듣고 두 사람이 무엇에 대해서 이야기하는지 고르십시오.

① 숙소	② 교통편	③ 환전
④ 여행자 보험	⑤ 입장권	⑥ 여행지

1) _____   2) _____   3) _____   4) _____

들어요 2

1 다음을 듣고 대화에 맞는 그림을 고르십시오. 🎧053

2 다시 듣고 내용과 <u>다른</u> 것을 고르십시오. 🎧053

① 여자는 침대가 2개 있는 방을 쓸 겁니다.

② 여자는 예약을 안 해서 지금 기다려야 합니다.

③ 여자는 오후 세 시 이후에 호텔 방에 들어갈 수 있습니다.

🎧 들어요 3

1 다음을 듣고 남자가 이어서 할 행동으로 알맞은 것을 고르십시오. 🎧054

① 숙소를 예약한다.　　　② 창덕궁 입장권을 예매한다.　　　③ 공항에 친구를 만나러 간다.

2 다시 듣고 내용과 같은 것을 고르십시오. 🎧054

① 남자는 전에 창덕궁에 안 가 봤습니다.

② 여자는 남자의 친구에게 창덕궁을 안내할 겁니다.

③ 여자는 남자가 여행 계획 짜는 것을 도와주었습니다.

여행 계획에 대한 대화를 듣고 이해할 수 있어요?	☆ ☆ ☆ ☆ ☆

🎧 더 들어요

● 다음 그림에 어울리는 대화의 번호를 쓰십시오. 🎧055

듣기 6
생활용품 구입

 생활용품 구입에 대한 대화를 듣고 이해할 수 있다.

 생각해 봐요

● 여기는 어디이고 무엇을 이야기하고 있습니까? 듣고 이야기하십시오.

 **들어요 1**

1 다음을 듣고 물건을 구입하기 전이면 전, 물건을 구입한 후면 후에 표시하십시오.

1)　　전　　　　후

2) 전   후

3) 전   후

들어요 2

1 여자는 무엇을 사려고 합니까? 맞는 것을 고르십시오. 🎧063

2 다시 듣고 내용과 같은 것을 고르십시오. 🎧063

① 여자는 직원이 추천해 준 물건을 구입했습니다.

② 여자는 디자인이 예쁜 것을 사고 싶어 합니다.

③ 여자는 이 물건을 집에 가져간 후에 조립할 것입니다.

들어요 3

1 다음을 듣고 여자가 방송을 하는 이유를 고르십시오. 🎧064

① 자기 회사의 가전제품을 팔려고

② A/S 받는 방법에 대해 설명하려고

③ 자기가 써 본 물건의 정보를 알려 주려고

2 두 제품을 비교한 표입니다. 어느 쪽이 더 좋은지 표시한 것으로 <u>잘못된</u> 것을 고르십시오.

		A 제품	B 제품
①	가격		👍
②	크기	비슷함	
③	무게	👍	
④	성능	👍	

생활용품 구입에 대한 대화를 듣고 이해할 수 있어요? ☆ ☆ ☆ ☆ ☆

더 들어요

● 다음 광고를 듣고 어떤 제품을 소개하고 있는지 고르십시오.

듣기 7

내게 특별한 사람

 내게 특별한 사람에 대한 대화를 듣고 이해할 수 있다.

 생각해 봐요

● 남자는 누구에 대해서 이야기하고 있습니까? 듣고 이야기하십시오. 071

 들어요 1

1 다음을 듣고 내용과 같으면 ○, 다르면 ✕에 표시하십시오. 072

1) 남자는 준하 씨를 안 지 얼마 안 됐습니다.　　　　　○　　✕

2) 여자와 진영 씨는 같은 학교 동창입니다.　　　　　○　　✕

3) 여자는 남자 친구를 직장에서 처음 만났습니다.　　 ◯ ✕

4) 남자는 아내의 외모가 마음에 들어서 좋아하게 됐습니다.　 ◯ ✕

5) 여자는 가수 제이가 매력이 넘쳐서 좋습니다.　　 ◯ ✕

 들어요 2

1 남자는 여자 친구를 어떻게 만났습니까? 맞는 것을 고르십시오.

① 교회에서 만났습니다.

② 같은 고등학교 동창입니다.

③ 남자의 친구가 소개해 줬습니다.

2 다시 듣고 남자와 남자의 여자 친구에 대한 설명으로 맞는 것을 고르십시오.

① 두 사람은 사귄 지 오래되었습니다.

② 두 사람은 성향이 비슷해서 서로 잘 맞습니다.

③ 두 사람은 서로 첫눈에 반해서 사귀게 되었습니다.

 들어요 3

1 남자는 지금 무엇을 하고 있습니까? 맞는 것을 고르십시오.

① 한국어 공부 방법을 소개하고 있습니다.

② 한국에 사는 외국인을 인터뷰하고 있습니다.

③ 한국어를 공부하게 된 계기를 말하고 있습니다.

2 다시 듣고 내용과 같은 것을 고르십시오.

① 여자는 한국어 선생님입니다.

② 여자는 할머니에게 한글을 배웠습니다.

③ 여자의 할머니는 한국어를 잘하십니다.

내게 특별한 사람에 대한 대화를 듣고 이해할 수 있어요?	☆ ☆ ☆ ☆ ☆

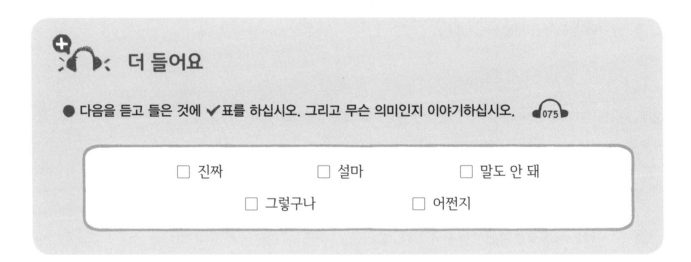

더 들어요

● 다음을 듣고 들은 것에 ✔표를 하십시오. 그리고 무슨 의미인지 이야기하십시오.

☐ 진짜   ☐ 설마   ☐ 말도 안 돼
☐ 그렇구나   ☐ 어쩐지

듣기 8
일상의 변화

 일상의 변화에 대한 대화를 듣고 이해할 수 있다.

 생각해 봐요

● 남자는 일상생활에서 무엇을 바꾸었습니까? 듣고 이야기하십시오. 🎧081

🎧 **들어요 1**

1 바꾼 후에 느낌이 어떻습니까? 좋아진 것 같으면 ◯, 그렇지 않으면 ✕에 표시하십시오. 🎧082

1) ◯   ✕

2) ◯   ✕

3) ◯   ✕

4) ◯   ✕

 **들어요 2**

1 다음을 듣고 대화에서 소개하는 수현 씨의 지금 모습을 고르십시오. 🎧083

①   ②   ③   ④

2 다시 듣고 내용과 같은 것을 고르십시오. 🎧083

① 두 사람은 고등학교 동창 사이입니다.

② 남자는 전에 수현 씨와 사귀었습니다.

③ 여자는 수현 씨를 혼자 만나고 싶어 합니다.

 들어요 3

1 남자는 바뀐 식당을 보고 어떻게 느꼈습니까? 맞는 것을 <u>모두</u> 고르십시오. 🎧084

① 넓다   ② 편하다

③ 복잡하다   ④ 세련되다

2 다시 듣고 내용과 같은 것을 고르십시오.

① 남자는 이 식당에 전에 와 봤습니다.

② 남자는 방에 앉아서 먹는 것을 좋아합니다.

③ 이 식당은 사장님이 새로 바뀌었습니다.

일상의 변화에 대한 대화를 듣고 이해할 수 있어요?	☆ ☆ ☆ ☆ ☆ ☆

더 들어요

● 다음을 듣고 내용과 같은 그림을 고르십시오.

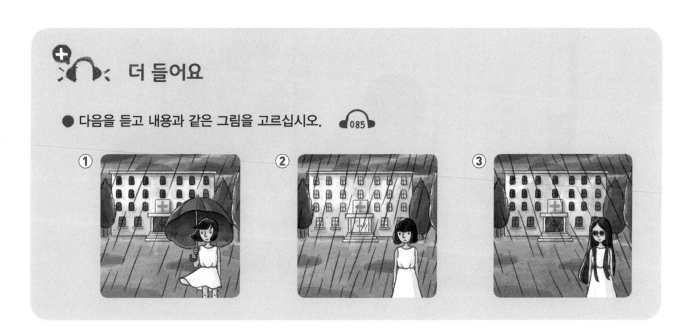

당황스러운 일

당황스러운 일에 대한 대화를 듣고 이해할 수 있다.

 생각해 봐요

● 남자에게 무슨 일이 생겼습니까? 듣고 이야기하십시오. 091

 들어요 1

1 다음을 듣고 남자에게 무슨 일이 생겼는지 맞는 것을 고르십시오. 092

① 교통사고가 나다   ② 문에 부딪히다   ③ 바지가 찢어지다

④ 숙제를 두고 오다   ⑤ 전화가 고장 나다   ⑥ 물건을 잃어버리다

1) _____ 2) _____ 3) _____ 4) _____

 들어요 2

1 남자는 무엇을 잃어버렸습니까? 맞는 것을 고르십시오. 093

①

②

③

④

2 다시 듣고 내용과 같으면 ♡, 다르면 ✕에 표시하십시오. 093

1) 이곳에는 남자가 잃어버린 물건이 없습니다.

2) 남자는 여자의 연락을 받고 이곳에 왔습니다.

 들어요 3

1 남자에게 무슨 일이 생겼습니까? 쓰십시오. 094

2 다시 듣고 내용과 같은 것을 고르십시오. 🎧094

① 두 사람은 오늘 약속을 취소했습니다.

② 남자는 다쳐서 지금 병원에 가려고 합니다.

③ 남자는 운전하느라고 고양이를 못 봤습니다.

| 당황스러운 일에 대한 대화를 듣고 이해할 수 있어요? | ☆ ☆ ☆ ☆ ☆ ☆ |

🎧 더 들어요

● 여자는 이제 무엇을 해야 됩니까? 맞는 것을 고르십시오. 🎧095

듣기 10
생활비 관리

 생활비 관리에 대한 대화를 듣고 이해할 수 있다.

 생각해 봐요

● 남자는 무엇이 문제입니까? 듣고 이야기하십시오. 101

들어요 1

1 다음을 듣고 여자가 무엇을 아끼는지 맞는 것을 연결하십시오.

1) •   • 교통비

                              • 통신비

2) •   • 공공요금

3) •   • 문화생활비

들어요 2

1 다음을 듣고 알 수 <u>없는</u> 것을 고르십시오.

① 출퇴근 시간

② 하는 일

③ 쉬는 날

④ 위치

2 다시 듣고 내용과 같은 것을 고르십시오.

① 남자는 이곳에서 일하기로 했습니다.

② 이곳은 운전을 할 수 있는 사람을 찾고 있습니다.

③ 이 일을 하면 3개월 동안 9,000원의 시급을 받습니다.

들어요 3

1 다음을 듣고 내용과 같으면 ○, 다르면 ✕에 표시하십시오. 104

　1) 여자는 전에 가계부를 쓰다가 그만두었습니다. 　　○　✕

　2) 남자는 가계부를 써서 큰돈을 아낀 적이 있습니다. 　　○　✕

　3) 가계부를 쓸 때는 작은 돈까지 자세히 쓰는 게 중요합니다. 　○　✕

　　　　　생활비 관리에 대한 대화를 듣고 이해할 수 있어요? 　☆ ☆ ☆ ☆ ☆ ☆

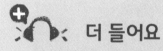 **더 들어요**

● 다음을 듣고 내용과 같으면 ○, 다르면 ✕에 표시하십시오. 105

　1) 남자는 현금으로 계산했습니다. 　　○　✕

　2) 남자는 할인을 받을 수 있는 카드를 만들었습니다. 　○　✕

듣기 11
문화생활

 문화생활에 대한 대화를 듣고 이해할 수 있다.

 생각해 봐요

● 여기는 어디이고 여자는 무엇을 하러 왔습니까? 듣고 이야기하십시오. 111

들어요 1

1 다음을 듣고 두 사람이 무엇에 대해서 이야기하는지 맞는 것을 고르십시오. 112

1) _____   2) _____   3) _____   4) _____

① ② ③ ④ ⑤ ⑥

🎧 들어요 2

1 남자는 뮤지컬을 보고 어떻게 느꼈는지 고르십시오. 🎧 113

① 볼 만하다

② 감동적이다

③ 실망스럽다

2 다시 듣고 내용과 같은 것을 고르십시오. 🎧 113

① 여자는 목요일마다 일이 있어서 회의를 못 합니다.

② 여자는 같은 뮤지컬을 여러 번 본 적이 있습니다.

③ 두 사람은 다음에 뮤지컬을 같이 보기로 했습니다.

들어요 3

1 다음을 듣고 두 사람의 관계로 알맞은 것을 고르십시오. 🎧114

① 직장 동료

② 여행사 직원과 손님

③ 학교 선후배

2 다시 듣고 내용과 같은 것을 고르십시오. 🎧114

① 여자는 서울 도보 여행을 해 본 적이 없습니다.

② 서울 도보 여행 프로그램은 단체 할인이 있습니다.

③ 홈페이지에서 프로그램 참여를 신청할 수 있습니다.

문화생활에 대한 대화를 듣고 이해할 수 있어요?	☆ ☆ ☆ ☆ ☆

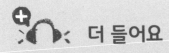 **더 들어요**

● 다음을 듣고 남자가 누구인지 고르십시오. 115

① 그림을 그리는 사람

② 그림을 판매하는 사람

③ 그림을 설명해 주는 사람

듣기 12
공공장소

 공공장소에서의 대화를 듣고 이해할 수 있다.

 생각해 봐요

● 남자는 무엇을 하고 있습니까? 듣고 이야기하십시오.

🎧 들어요 1

1 다음을 듣고 무엇에 대해 이야기하는지 맞는 것을 연결하십시오.

1) •

2) •

3) •

4) •

• 휴대폰 사용

• 출입

• 사진 촬영

• 금연

• 음식물 반입

🎧 들어요 2

1 여기는 어디입니까? 쓰십시오. 🎧123

```



```

2 다시 듣고 내용과 같은 것을 고르십시오. 🎧123

① 남자는 책을 선물할 겁니다.

② 남자는 물건을 직접 포장했습니다.

③ 남자는 문자를 받고 여기에 왔습니다.

🎧 들어요 3

1 여기는 어디입니까? 쓰십시오. 🎧124

```



```

2 다시 듣고 내용과 같은 것을 고르십시오.

① 여자는 전에 홈페이지에서 회원 가입을 했습니다.

② 여자는 회원 카드가 없어서 책을 못 빌렸습니다.

③ 신분증이 있으면 바로 회원 카드를 만들 수 있습니다.

공공장소에서의 대화를 듣고 이해할 수 있어요?	☆ ☆ ☆ ☆ ☆

 더 들어요

● 다음을 듣고 무엇에 대해 이야기하고 있는지 맞는 그림을 고르십시오.

①   ②   ③   ④

정답

1과 첫 모임

● 들어요 1
1) 국적 2) 신분 3) 나이
4) 직업

● 들어요 2
1 ③
2 ①

● 들어요 3
1 ①
2 ②

● 더 들어요
1) ○ 2) ✕

2과 날씨의 변화

● 들어요 1
1) ○ 2) ✕ 3) ✕
4) ○

● 들어요 2
1 ②
2 ②

● 들어요 3
1 ②
2 ④

● 더 들어요
무지개

3과 새로운 생활

● 들어요 1
1) ⑤ 2) ③ 3) ④
4) ①

● 들어요 2
1 ①
2 ③

● 들어요 3
1 ②
2 ③

● 더 들어요
1) ✕ 2) ○

4과 나의 성향

● 들어요 1
1) ✕ 2) ○ 3) ✕
4) ○

● 들어요 2
1 ①
2 ②

- 들어요 3

  1) ☑ 따뜻한 사람

  2) ☑ 다하고 놀아요

  3) ☑ 뭐를 잘못했지?

- 더 들어요

  1) ✕   2) ○

5과   여행 계획

- 들어요 1

  1) ②   2) ⑥   3) ①

  4) ③

- 들어요 2

  1 ④

  2 ②

- 들어요 3

  1 ②

  2 ③

- 더 들어요

  3)

6과   생활용품 구입

- 들어요 1

  1

  1) ☑ 전   2) ☑ 후   3) ☑ 후

- 들어요 2

  1 ③

  2 ①

- 들어요 3

  1 ③

  2 ④

- 더 들어요

  ②

7과   내게 특별한 사람

- 들어요 1

  1) ○   2) ✕   3) ✕

  4) ✕   5) ○

- 들어요 2

  1 ①

  2 ①

- 들어요 3

  1 ②

  2 ②

- 더 들어요

  진짜, 설마, 말도 안 돼, 어쩐지

8과   일상의 변화

- 들어요 1

  1) ✕   2) ○   3) ✕

  4) ○

- 들어요 2

  1 ④

  2 ①

- 들어요 3

  1 ②, ④

  2 ①

- 더 들어요

  ③

9과   당황스러운 일

● 들어요 1

1) ③   2) ④   3) ⑤

4) ②

● 들어요 2

1 ③

2

1) ◯   2) ✕

● 들어요 3

1 교통사고가 났습니다./뒤에서 오던 차하고 부딪혔습니다.

2 ①

● 더 들어요

③

10과   생활비 관리

● 들어요 1

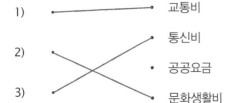

1) ―――――――――― 교통비

통신비

2) ―――――――\ /――― • 공공요금

3) ―――――――/ \――― 문화생활비

● 들어요 2

1 ④

2 ②

● 들어요 3

1) ◯   2) ✕   3) ✕

● 더 들어요

1) ✕   2) ◯

11과   문화생활

● 들어요 1

1) ④   2) ⑥   3) ⑤

4) ②

● 들어요 2

1 ③

2 ②

● 들어요 3

1 ①

2 ③

● 더 들어요

③

12과   공공장소

● 들어요 1

1) •――――――― 휴대폰 사용

출입

2) •――――――― 사진 촬영

3) •――――――― 금연

4) •――――――― 음식물 반입

● 들어요 2

1 우체국

2 ②

● 들어요 3

1 도서관

2 ①

● 더 들어요

②

듣기 지문

1과 첫 모임

🔆 생각해 봐요

여 안녕하세요? 저는 아이디 초코빵이에요. 오늘 모임에 처음 오셨죠?

남 아, 네. 저는 최시원이라고 합니다. 아이디는 블루스카이입니다.

여 아, 블루스카이 님이시구나. 반가워요.

🎧 들어요 1

1) 남 안녕하세요? 저는 인도에서 온 고트라입니다. 반갑습니다.

2) 여 안녕하세요? 저는 이번에 처음 들어온 신입 회원 이지은이라고 합니다.

3) 여 안녕하세요? 올해 스무 살이 된 한아영입니다. 여러분과 함께 즐겁게 활동하겠습니다.

4) 남 안녕하세요? 삼십 년 전부터 빵 만드는 일을 하고 있는 김탁구라고 합니다.

🎧 들어요 2

여 저 기타 수업 안내문을 보고 전화했는데요.

남 아, 네. 말씀하세요.

여 제가 기타도 처음이고 다른 악기도 안 배웠는데 수업을 받을 수 있어요?

남 그럼요. 기초반이 있어서요. 처음부터 하나씩 배울 수 있습니다.

여 아, 네. 그럼 수업 시간하고 수강료는 어떻게 돼요?

남 월, 수, 금 일주일에 세 번 수업을 하는데요. 시간은 오전 10시, 오후 6시 중 편한 시간에 참석하시면 됩니다. 수강료는 15만 원입니다.

여 네. 기타는 준비해 가야 해요?

남 저희 학원에 연습용 기타가 있습니다. 기타가 없으면 그냥 오시면 됩니다.

🎧 들어요 3

남 안녕하십니까? 저는 '자전거 세상' 동아리 회장 이경훈이라고 합니다. 신입 회원 여러분 만나 뵙게 되어서 진심으로 반갑습니다. 저희 동아리는 4년 전에 회원 7명이 첫 모임을 시작했고요. 현재는 50명의 회원이 있습니다. 특히 올해는 여기 보시는 것처럼 초등학생, 중학생 회원도 가입하셨는데요. 환영합니다. 지금까지는 한 달에 한 번 마지막 주 토요일에만 만났는데 앞으로는 더 자주 모이려고 합니다. 따뜻하고 건강한 모임이 되도록 노력하겠습니다. 감사합니다.

🎧 더 들어요

여 2009년 3월 5일. 제가 처음 연기 학원에 다니기 시작한 날이에요. 그리고 딱 10년 후인 2019년 3월에는 처음 찍은 영화가 영화관에서 상영되었고요. 그리고 오늘, 라디오 DJ로서의 첫 방송. 이렇게 또 하나의 잊지 못할 날이 생겼네요. 여러분 앞으로 잘 부탁드려요. '김혜나의 밤 편지' 저는 DJ 김혜나입니다. 첫 방송 첫 곡은 제가 가장 좋아하는 노래로 시작하겠습니다.

생각해 봐요

021

여 보시는 것처럼 서울을 비롯한 전국에 구름이 많이 끼어 있습니다.
하루 종일 흐리다가 밤늦게부터 비가 내리겠습니다.

 들어요 1

022

1) 여 하이, 코리! 오늘 날씨는 어때?
   남 최고 기온은 16도 최저 기온은 3도이며 대체로 맑겠습니다.

2) 여 하이, 코리! 지금 미국 뉴욕에 비가 와?
   남 현재 뉴욕의 기온은 7도이며 하늘이 흐립니다. 오늘 밤 비가 오겠습니다.

3) 여 하이, 코리! 내일 서울의 미세 먼지는 어때?
   남 내일 서울의 미세 먼지는 아침, 점심, 저녁 순으로 나쁨, 나쁨, 보통일 예정입니다.

4) 여 하이, 코리! 올해 첫눈 오는 날은 언제야?
   남 도움이 되어 드리지 못해서 죄송합니다. 하지만 열심히 배우려고 노력하는 중입니다.

 들어요 2

023

남 으, 춥다.
여 지금 눈 와요? 아침에 저 올 때는 흐리기만 하고 눈은 안 내렸는데.
남 네, 많이 내리고 있어요. 곧 쌓일 것 같아요.
여 그래요? 눈 많이 쌓이면 운전하기 불편한데. 계속 올까요?
남 밤까지 올 것 같아요. 조금 전에 일기 예보에서 들었어요.

여 올해는 눈이 정말 자주 오네요. 게다가 한번 내릴 때 많이 내리고요.
남 그러네요. 작년에는 눈도 안 내리고 날씨도 많이 춥지 않아서 겨울 같지 않다고 했는데. 올해는 눈도 많이 오고 많이 추운 것 같아요. 눈이 많이 쌓이기 전에 들어가세요.
여 네. 그래야 할 것 같아요.

 들어요 3

024

여 주말인 오늘 어제보다 따뜻하겠습니다. 서울 18도, 부산 21도 등 오늘 대부분의 지역이 어제보다 기온이 높겠는데요. 아침과 밤에는 아직 쌀쌀하기 때문에 따뜻한 옷을 준비하셔야겠습니다. 현재 안개가 많이 끼었고 미세 먼지도 심해서 하늘이 뿌옇습니다. 뿌연 하늘은 낮부터 깨끗해지고 미세 먼지도 보통 수준이 되겠습니다. 건조한 날씨가 계속되고 있는데요. 다음 주에는 비 오는 날이 많겠습니다. 이상 날씨였습니다.

더 들어요

025

여1 자, 이제는 제가 문제를 낼게요. 먼저 50점입니다. 이것은 하늘에 있습니다.
남 저요! 구름.
여1 아닙니다.
남 해.
여1 아니에요. 문제 하나에 한 번씩만 답할 수 있어요. 다른 분 모르겠어요?
음. 그럼 40점 문제입니다. 이것의 색깔은 여러 가지입니다.
여2 별 아닌가요?
여1 땡! 아닙니다. 별도 여러 색이 있기는 하지요.
하늘에 있고 색깔은 여러 가지인 것, 무엇일까요?
그럼 30점 문제로 내려갑니다.
이것은 비가 온 후에 볼 수 있습니다.

💡 생각해 봐요

031

여　저기, 혹시 지금 배달되나요?

남　네, 어디시죠?

여　여기 신일동 하나빌라 302호인데요. 짜장면 2개하고 탕수육 하나 갖다주세요.

🎧 들어요 1

032

1)　남　평소에 집에서 밥을 자주 해 먹어요?

　　여　아니요, 거의 사 먹어요. 기숙사에는 부엌이 없거든요.

2)　남　여기 웬일이야?

　　여　나 여기 근처에 사는데 몰랐어? 저기 빌라 2층에서 살아.

3)　남　이 아파트에서 산 지 오래됐어요?

　　여　아니요. 지난 학기까지는 원룸에서 살았는데 얼마 전에 옮겼어요.

4)　남　옥탑방은 겨울에 좀 춥지 않아요?

　　여　좀 춥지만 전망이 좋아서 좋아요. 전에는 일 층에서 살아서 전망이 별로였거든요.

🎧 들어요 2

033

여　저녁에 뭐 먹지? 당근이랑 양파 있는데 오늘도 볶음밥 해 줄까?

남　또 볶음밥? 그리고 나 당근 싫어하는 것 알면서.

여　당근이 왜 싫어? 얼마나 맛있는데.

남　그냥 싫어. 누나도 고기 들어간 건 안 먹잖아.

여　난 고기를 싫어하는 게 아니라 동물을 사랑해서 안 먹는 거야.

남　몰라. 당근도 싫고 볶음밥도 별로야. 우리 짜장면 시켜 먹을래?

여　짜장면? 거기도 고기 들어가는데?

남　고기 빼 주세요, 하면 안 돼?

여　그럼 짜장면이 짜장면이 아니지. 그냥 너 혼자 시켜 먹어. 난 나가서 김밥이랑 떡볶이 사 올게.

남　어떻게 혼자 시켜 먹어? 누나가 사 오면 같이 먹을게. 많이 사 와.

🎧 들어요 3

034

여　저기, 집 좀 보려고 하는데요.

남　네. 이쪽으로 앉으세요. 어떤 집을 찾으세요?

여　회사가 여기 근처라서요. 이 근처에 괜찮은 곳이 있나요?

남　집은 많이 있는데 얼마 정도 생각하세요?

여　월세는 많이 낼 수 있는데 보증금이 별로 없어서요.

남　음, 그러면 아파트는 좀 어려울 것 같고. 지하철역 근처에 새로 생긴 빌라가 있는데 거기는 어떠세요? 새 건물이라서 깨끗하고 생활하기 편하실 거예요.

여　그래요? 거기는 한 달에 얼마예요?

남　보증금 천만 원에 월세는 팔십만 원이에요. 관리비는 없고요.

여　가격은 괜찮네요. 지금 집을 한번 볼 수 있을까요?

남　그럼요. 집주인에게 전화해 볼게요. 잠깐만 기다리세요.

🎧 더 들어요

035

여　안녕하세요. 유니유니입니다. 지난 시간에는 여러분들께 중국의 대표 음식 마라탕을 소개했는데요. 일주일 동안 많은 분들이 직접 만들어 보신 후 답을 주셨습니다. '생각보다 어렵지 않네요.', '맛있지만 너무 매워서 힘들었어요.' 영상 보시고 댓글 남겨 주신 모든 분들 감사합니다.
오늘의 음식을 소개할게요. 바로, 짜잔! 태국의 볶음국수 '팟타이'입니다. 새우와 달걀, 여러 가지 채소 그리고 국수를 넣고 볶은 건데요. 저처럼 요리를 못하는 사람도 쉽게 만들 수 있는 요리입니다.

4과 나의 성향

 생각해 봐요

041

남 누나, 아직 옷도 안 입었어? TV 좀 그만 보고 빨리 준비해. 이러다가 늦겠어.

여 안 늦어. 지난번에 갈 때 30분도 안 걸렸어.

남 그때는 수요일이었고 오늘은 토요일이잖아. 토요일 이면 더 막히는 것 몰라?

 들어요 1

042

1) 여 저는 일을 할 때 실수하지 않으려고 여러 번 확인합니다. 그래서 다른 사람들보다 시간이 많이 걸리는 편입니다.

2) 남 저는 새로운 사람 만날 때가 제일 힘듭니다. 친해지면 괜찮은데 처음 만났을 때는 자기소개도 잘 못해서 바보처럼 보일 때가 많습니다. 저도 이런 제가 답답합니다.

3) 남 처음에 이 일을 하실 때 부모님도 좋아하셨어요?

여 아니요, 부모님은 처음에 반대를 많이 하셨어요. 그렇지만 제가 너무 하고 싶은 일이라서 시작했지요. 지금은 부모님도 좋아하시고요.

4) 여 와, 이렇게 모든 것을 메모하시는 거예요? 정말 꼼꼼하시네요.

남 아, 이거요? 회사 생활하면서 배운 거예요. 처음 일하기 시작할 때 자주 잊어버리고 실수가 많았거든요. 그때 선배가 하는 걸 보고 배웠지요.

들어요 2

043

여 동카이, 미안해. 많이 기다렸어?

남 아니, 괜찮아. 근데 왜 이렇게 수업이 늦게 끝났어?

여 오늘 말하기 발표를 했는데 발표한 후에 친구들이 질문을 많이 해서 오래 걸렸어. 너도 오늘 발표했어?

남 아니. 나는 내일 해야 돼. 그래서 오늘 발표 연습 좀 더 하려고.

여 연습을 또 해? 어제도 늦게까지 연습하고. 그렇게 많이 했으면 이제 발표 내용 다 외울 것 같은데.

남 아니야. 난 이렇게 처음부터 끝까지 잘 준비해야 마음이 편해. 그래서 너는 발표 잘했어?

여 그냥 했지, 뭐. 실수도 좀 했는데, 괜찮아.

남 야, 정말 넌 성격 참 좋다. 난 실수 한번 하면 계속 생각나서 잠도 잘 못 자는데.

들어요 3

044

여 음, 이거 재미있네. 자신의 성향을 알려 줍니다! 내가 질문할게. 대답해 봐.

남 그래.

여 일 번. 내가 좋아하는 사람은 어떤 사람입니까? 마음이 따뜻한 사람, 아는 것이 많은 똑똑한 사람.

남 마음이 따뜻한 사람이 좋지.

여 흠, 그래? 다음 두 번째. 해야 할 일이 생겼을 때, 미리 다하고 놉니까? 끝까지 논 후에 마지막에 합니까?

남 먼저 일부터 해야지. 해야 할 일이 있으면 마음이 불편해서 놀지도 못해.

여 그렇군. 다음 삼 번. 시험을 못 보고 망쳤을 때. 못 볼 수도 있지, 생각하고 잊어버립니까? 무슨 문제를 잘못했는지 하나하나 다시 확인합니까?

남 잊어버리고 싶은데 그렇게 안 돼.

여 야, 너 정말 나랑 너무 다르구나.

더 들어요

045

여 네, 지금까지 '내 주위의 나무늘보, 느긋한 사람'에 대한 사연을 들었습니다. 정말 옆에 이런 사람 있으면 답답하고 화날 때 많죠? 그런데 이렇게 느긋한 사람들이 성격은 좋은 편이라서요. 장점과 단점을 모두 보시면 좋을 것 같습니다. 다음 주 주제 소개해 드릴게요. 다음 주는 '식당에서 주문한 음식이 잘못 나와도 말 한마디 못 하시는 분, 모르는 사람하고 이야기하는 게 세상에서 제일 힘드신 분, 바로 소극적인 사람'에 대해 이야기 나눠 보겠습니다. 주위에 이런 사람 있으면 사연 보내 주세요.

5과　여행 계획

 생각해 봐요

 051

여　다음 달에 베트남 가는 항공권을 예매하려고 하는데요. 29일에 출발하는 게 있을까요?

남　네, 29일이요? 네, 자리가 많이 남아 있네요. 예매해 드릴까요?

들어요 1

052

1)　남　거기는 뭘 타고 가야 돼?

　　여　기차도 있고 버스도 있다는데 한번 알아볼게.

2)　남　강릉이 볼거리가 많다는데 거기로 갈까?

　　여　강릉은 좀 멀지 않아요? 그냥 가까운 곳으로 가요.

3)　여　요즘 성수기인데 방이 있을까?

　　남　글쎄. 호텔 알아보고 예약이 다 찼으면 그냥 당일치기로 갔다 오자.

4)　남　패키지여행으로 가도 거기서 쓸 돈은 있어야 하잖아. 공항에서 바꿀 거야?

　　여　공항에서 바꾸면 비싸. 오늘 은행에 가서 바꾸려고.

들어요 2

 053

남　안녕하십니까? 무엇을 도와 드릴까요?

여　체크인하려고 하는데요.

남　예약하셨습니까?

여　네, 송가영으로 예약했어요.

남　네, 송가영 고객님. 예약 확인됐습니다. 트윈룸 하나 예약한 것 맞으시죠?

여　네, 맞아요.

남　그런데 체크인은 오후 3시부터 가능해요. 좀 기다려 주셔야 할 것 같은데요.

여　그래요? 그럼 혹시 이 가방 좀 맡길 수 있을까요? 근처 좀 구경하고 올게요.

남　네, 맡길 가방은 이거 하나인가요?

여　네, 하나예요.

남　찾으실 때 이 보관증을 보여 주시면 됩니다.

여　네, 감사합니다.

들어요 3

 054

남　서윤아, 지금 시간 있어? 나 좀 도와줄래?

여　그래. 뭔데?

남　다음 달에 고향 친구가 놀러 올 건데 여행 계획을 잘 못 짜겠어. 공항에서부터 모두 내가 안내해야 돼서 걱정이 많아.

여　그래? 숙소는 알아봤어? 너네 집에서 같이 잘 거야?

남　아니. 우리 집은 좀 작을 것 같아서. 숙소는 미리 예약해 뒀어.

여　잘했네. 그럼 일정을 짜야겠네. 가고 싶은 곳은 정했어?

남　시간이 별로 없어서 멀리는 못 갈 것 같고 서울 시내에서 구경하려고.

여　친구는 한국에 처음 오는 거야?

남　응. 그래서 좀 한국적인 곳이 좋을 것 같은데….

여　그럼 창덕궁 어때? 거기 지난번에 나랑 같이 가 봤잖아.

남 맞아. 거기 정말 좋았어. 창덕궁에 가면 되겠네.

여 근데 그러려면 먼저 예약을 해야 해. 요즘 인기가 많거든.

🎧 더 들어요

 055

1) 여 가방은 여기에 올려 주시고 모자도 벗어 주세요.

 남 신발도 벗어야 돼요?

2) 여 어느 좌석으로 드릴까요?

 남 창가 쪽으로 주세요.

3) 여 뭐 필요한 거 있으십니까?

 남 담요랑 물 좀 주시겠어요?

6과 생활용품 구입

💡 생각해 봐요

 061

여 가구 백화점이 새 단장을 했습니다. 침대, 책상, 옷장, 소파. 오픈 기념으로 최대 70%까지 할인해 드립니다. 들어와서 구경해 보세요.

🎧 들어요 1

 062

1) 여 이 제품은 어떠세요? 아까 보신 것보다 튼튼하고 크기도 더 커서 쓰시기 좋을 거예요.

 남 좀 더 생각해 보고 올게요.

2) 남 의자를 직접 조립하는 거예요?

 여 네. 하고는 있는데 이거 진짜 어렵네요. 여기 설명서 그림만 보면 쉬울 것 같았는데.

3) 여 영진 씨도 스마트 워치 쓰고 있지요? 디자인이 예뻐서 샀는데 생각보다 할 수 있는 게 별로 없는 것 같아요.

 남 그래요? 저는 아주 잘 쓰는데. 할 수 있는 기능도 많아요.

🎧 들어요 2

063

여 저기요, 책상을 좀 사려고 하는데요.

남 아, 네. 손님이 쓰실 건가요?

여 네, 제가 쓸 건데요. 크기가 좀 작은 거면 좋겠어요.

남 그럼 이 제품은 어떠세요? 이게 요즘 인기가 많아요.

여 아, 네. 디자인도 예쁘네요. 그런데 이것보다 더 작은 거면 좋겠는데요.

남 그럼, 손님. 책상보다 이 탁자는 어떠세요?
 간단하게 음식을 드실 때도 쓸 수 있고 공부할 때도 쓸 수 있고요.

여 아, 괜찮네요. 저희 집 책장하고 색도 비슷해서 잘 어울릴 것 같아요.

남 조립도 다 되어 있는 제품이니까 바로 사용하실 수 있고요. 사용하지 않을 때는 이렇게 접어서 쉽게 보관할 수도 있어요.

여 좋네요. 그럼 이걸로 주세요.

🎧 들어요 3

064

여 여러분, 오늘은 청소기를 비교해 볼 거예요. 끝까지 잘 봐 주세요. 먼저 가격 중요하죠. 인터넷에서 구입할 때 A 회사 제품은 84만 원, B사는 65만 원이에요. 다음 크기와 무게를 알아볼까요? 크기는 둘이 비슷한데, 무게는 B사가 좀 더 무겁네요. 들고 다니면서 청소하기는 A사가 좋을 것 같아요. 다음으로 청소 성능입니다. 두 제품으로 일주일간 청소를 해 봤는데요. 청소 상태는 둘 다 아주 좋았습니다. 그리고 A사는 무료로 A/S가 가능한데요. B사는 A/S에 대한 설명이 없네요. 자, 여기까지입니다. 좋아요, 구독! 잊지 마세요.

🎧 더 들어요

 065

남 내가 매일 생각하는 것, 내가 매일 먹는 것,

내가 매일 하는 것이 오늘의 나를 만드는 것 아세요?

이것 하나 바꾸면 하루가 바뀌는 것도 알고 있어요?

밤에 누웠을 때, 아침에 일어날 때 느낄 거예요.

좋은 잠이 좋은 하루를 만들고, 좋은 나를 만듭니다.

* 에이스침대 TV-CF 2탄 토마토편 참고

7과 내게 특별한 사람

💡 생각해 봐요

여 이거 너 고등학교 때야? 아이고, 애기네.

남 그때는 내가 좀 귀여웠지.

여 이분은 누구야? 선생님이셔?

남 응. 우리 영어 선생님인데 나한테 정말 특별한 분이셔. 이분 덕분에 내가 외국어에 관심을 갖게 됐거든.

🎧 들어요 1

1) 여 준하 씨하고 정말 친하네요. 서로 안 지 오래됐어요?

남 아니요, 이번 학기에 처음 만났어요. 같은 동아리예요.

2) 남 너는 진영이를 어떻게 알아? 같은 학교도 아니잖아.

여 진영이? 우리 옆집에 살아. 어렸을 때부터 친구였어.

3) 남 남자 친구도 같은 직장이네요. 회사에서 처음 만났어요?

여 아니요. 아는 사람이 소개해 줘서 만났는데 만난 후에 보니까 같은 회사였어요.

4) 여 아내분이 참 아름다우세요. 첫눈에 반하신 거예요?

남 글쎄. 처음에는 별로 좋아하지 않았어요. 몇 번 더 만나면서 이야기를 나누다 보니 서로 생각이 비슷해서 좋아하게 됐지요.

5) 남 너 전에는 다른 가수 좋아했잖아. 그런데 이제 제이를 좋아하는 거야?

여 응. 제이는 다른 가수하고 달라. 노래 잘하지, 춤도 잘 추지, 외모도 너무 멋있고. 봐, 이 웃는 거. 너무 귀엽지? 좋아할 게 너무 많아.

🎧 들어요 2

여 승기야, 어제 내가 본 사람이 네 여자 친구야?

남 응, 맞아. 어제는 바빠서 소개도 못 해 줬네. 미안.

여 괜찮아. 여자 친구랑 사귄 지 오래됐어?

남 고등학교 때부터 사귀었으니까 이제 5년쯤 됐네.

여 진짜 오래 사귀었다. 둘이 어떻게 만났어?

남 고등학교 때 교회를 갔는데 거기에서 만났어. 집도 우리 집 근처라서 자주 같이 다니다 보니 친해지게 됐어.

여 고등학교도 같은 학교였어?

남 아니, 학교는 다른 학교였어.

여 그래도 이렇게 오래 잘 사귀는 걸 보면 둘이 잘 맞나 보네.

남 별로 그렇지도 않아. 나는 주말이면 밖에서 친구 만나고 운동하고 이런 걸 좋아하는데 여자 친구는 집에서 조용히 쉬는 걸 좋아하거든. 그래서 처음에 사귈 때는 많이 싸웠어. 이제는 서로 성향을 알아서 거의 안 싸우지만.

여 그렇구나. 어쨌든 부럽다.

🎧 들어요 3

남 안녕하세요? 바쁘신데 이렇게 시간을 내주셔서 감사합니다. 먼저 자기소개 좀 부탁드립니다.

여 안녕하세요? 저는 일본에서 온 이와타 사토미라고 합니다. 지금 한국에서 영화를 공부하고 있습니다.

남 한국어를 아주 잘하시는데 처음에 어떻게 한국어를

공부하게 됐어요?

여 음, 생각해 보면 다 할머니 덕분이네요. 저희 할머니가 한국 드라마 팬이시거든요. 그래서 저도 자연스럽게 관심이 생긴 것 같아요.

남 할머니께서 한국 드라마를 좋아하신다니 신기하네요. 그럼 할머니께서도 한국어를 잘하세요?

여 아니요. 처음에 저한테 한글을 가르쳐 주신 게 할머니신데 말하는 건 잘 못하세요.

남 그럼 사토미 씨가 이렇게 한국어를 잘하는 것을 보면 정말 기뻐하시겠어요.

여 네, 맞아요. 제가 다음 달에 일본으로 돌아가는데 할머니가 저를 너무 기다리고 계세요. 제가 할머니께 한국어를 가르쳐 드리기로 했거든요.

남 멋있네요. 좋은 한국어 선생님이 되시길 바랄게요.

여 네, 감사합니다.

🎧 더 들어요

여 야, 너 그거 들었어? 지윤이하고 정우가 사귄대.

남 설마. 둘이 맨날 싸우는데 무슨 소리야?

여 진짜야. 어제 둘이 손잡고 걸어가는 걸 수연이가 봤대.

남 말도 안 돼. 잘못 본 거 아냐?

여 아니래. 나도 그런 줄 알고 다시 물어봤는데 다른 애들도 같이 봤대.

남 이야, 둘이 사귈 줄은 생각도 못 했네.

여 근데 생각해 보면 걔들 맨날 싸우는데 항상 같이 붙어 다니고 그랬어.

남 그랬나? 어쩐지. 요즘 정우가 늘 바쁘더라고.

8과 일상의 변화

💡 생각해 봐요

여 팀장님, 자전거 타고 다니세요?

남 아, 네. 차를 가지고 다니니까 걷지도 않고 운동할

시간도 없어서요.
지난달부터 시간 될 때마다 타고 있어요.

🎧 들어요 1

1) 남 여기 뭔가 바뀐 것 같은데.

여 여기 있던 소파를 없애고 책장을 놓았잖아.

남 그렇구나. 그런데 책들 때문에 좀 지저분해 보이는데.

2) 남 어, 이게 제이의 새 노래예요?

여 네, 이번에 새로 나온 노래예요. 분위기가 밝고 가볍죠?

남 네. 그 전의 제이 노래하고 많이 다른데, 이것도 좋네요.

3) 남 나 뭐 달라진 것 없어?

여 글쎄. 머리 잘랐어?

남 아니. 이 옷 새로 산 거잖아.

여 그랬어? 어제 입은 옷하고 비슷해 보이는데.

4) 남 발표 자료 정리 끝났어요?

여 네. 자료가 너무 긴 것 같아서 좀 줄이고 사진 몇 개만 더 넣었습니다.

남 어디 봐요. 음, 이해도 잘되고 깔끔하네요.

🎧 들어요 2

남 야, 너 수현이 알지? 우리 고등학교 때 같은 반이었던.

여 수현이? 알지. 머리 길고 키 크고. 네가 수현이 잠깐 좋아하지 않았어?

남 뭐? 그건 아니고. 아무튼 나 어제 길에서 우연히 수현이를 만났는데 완전히 달라졌더라.

여 어떻게?

남 머리를 정말 짧게 자르고 안경도 안 써서 다른 사람인 줄 알았어.

여 그래? 고등학교 때 계속 긴 머리만 봐서 짧은 머리가 상상이 안 되네.

남 짧은 머리도 잘 어울리더라고. 정장 입고 화장도 했는데 정말 세련돼 보였어.

여　잘 지낸대? 고등학교 졸업하고 한 번도 못 봐서 보고 싶다.

남　안 그래도 같이 만나려고 연락처 받아 왔어. 주말에 한번 보자.

여　보고 싶기는 한데, 너 나랑 같이 가도 괜찮아? 혼자 만나고 싶은 것 아니고?

남　아니야.

 들어요 3

084

여　우리 저기 창가 쪽에 앉을까요?

남　좋아요. 그런데 여기 정말 많이 바뀌었네요. 몇 달 전에 왔을 때하고 달라요.

여　그럴 거예요. 지난달에 인테리어 공사를 했대요. 깨끗하고 세련되게 잘 바꾼 것 같아요.

남　그러게요. 게다가 이렇게 의자로 바꾸니까 너무 좋은데요. 전에는 신발 벗고 방에 들어가야 해서 좀 불편했거든요.

여　그렇죠? 요즘은 다 이렇게 바뀌더라고요.

남　그럼 사장님도 바뀐 거예요?

여　아니요, 사장님은 그대로이신 것 같아요.

남　그럼 다행이네요. 여기 사장님이 친절해서 좋았거든요.

여　음식 맛도 그대로 좋으니까 맛있게 드세요.

 더 들어요

085

남　비가 오니까 그날 일이 생각난다. 그날, 밤늦게 집에 가고 있었는데 우리 집 근처에 병원이 하나 있잖아. 너도 알지?

여　응.

남　거기를 지나는데 원래 그 병원은 새벽에도 불이 켜져 있거든. 근데 그날은 병원 불이 다 꺼져서 깜깜하더라고. 근데 잘 보니까 병원 앞에 여자가 한 명, 우산도 안 쓰고 서 있는 거야. 옷은 하얀색 원피스를 입고 머리는 이렇게 긴데 그 밤에 까만색 선글라스를 끼고 있더라고. 내가 여자 가까이 갔는데 여

자가 까만색 선글라스를 낀 게 아니라 여자 눈이 … 왁!

여　꺅!

9과　**당황스러운 일**

 생각해 봐요

091

남　으악! 나 어떡해!

여　왜 그래? 무슨 일이야?

남　갑자기 컴퓨터가 꺼졌어. 숙제 저장도 안 했는데.

여　어떡해! 다시 한번 켜 봐.

 들어요 1

092

1)　여　어머, 바지가 왜 그래요?

　　남　어? 아까 넘어졌을 때 찢어졌나 보네요.

2)　여　이제 수업 시작할 건데 어디 가?

　　남　숙제한 걸 깜박하고 집에 두고 왔어. 집 가까우니까 금방 갔다 올게.

3)　여　어제 왜 전화 안 받았어요? 여러 번 전화했는데.

　　남　미안해요. 어제부터 전화가 자꾸 꺼지네요.

4)　여　너 이마 다쳤어?

　　남　어. 휴대폰 보면서 오다가 문에 부딪혔어.

 들어요 2

093

여　어떻게 오셨습니까?

남　조금 전에 안내 방송을 듣고 왔는데요. 지갑을 잃어버려서요.

여　아, 네. 혹시 이 까만색 지갑 맞으세요?

남　그건 제 게 아닌데요. 그거 말고 다른 지갑은 없어요?

여 네. 이 지갑만 들어와 있네요. 손님 지갑은 어떤 건데요?

남 좀 낡은 갈색 가죽 지갑인데요. 크기는 이만 해요.

여 지갑 안에는 뭐가 들어 있어요?

남 돈은 별로 없는데 안에 학생증하고 신용 카드가 들어 있어요.

여 연락처 남겨 주시면 확인해 보고 다시 연락드리겠습니다.

남 아, 네. 감사합니다.

 들어요 3

094

남 지윤아. 나야.

여 야, 너 어디야? 안 오고 뭐 해?

남 미안. 가다가 좀 전에 교통사고가 났어.

여 뭐? 너 괜찮아? 안 다쳤어?

남 어. 다행히 다친 데는 없어. 괜찮아.

여 그런데 어쩌다가 사고가 난 거야?

남 운전하고 있는데 갑자기 고양이가 뛰어나오는 거야. 그래서 급하게 멈추다가 뒤에서 오던 차하고 부딪혔어.

여 많이 놀랐겠네. 그런데 차는 괜찮아?

남 조금 문제가 있어서 지금 고치러 왔어. 근데 우리 만나는 건 어떡하지?

여 우리는 다음에 보면 되지 뭐. 그런데 너 지금은 괜찮아도 이따가 아플 수도 있으니까 꼭 병원에 가봐.

남 어. 그렇게. 그럼 내일 다시 연락하자.

더 들어요

095

남 163번 고객님, 무슨 일로 오셨습니까?

여 휴대폰 충전이 잘 안 돼서요.

남 아, 그러셨어요? 많이 불편하셨겠네요. 그럼 제가 확인해 보고 다시 말씀드리겠습니다.

〈잠시 후〉

남 고객님, 확인해 보니까 휴대폰이 고장 난 게 아니라

충전하는 이 연결선이 문제였네요. 이걸 새로 사셔야 할 것 같아요.

여 네, 그럼 충전기를 새로 사야겠네요.

10과 생활비 관리

 생각해 봐요

101

여 돈 찾았어?

남 응. 근데 오만 원밖에 안 남았네. 다 어디에 쓴 거지?

 들어요 1

102

1) 여 제가 전에는 늦게 일어날 때가 많아서 아침에 택시를 자주 탔거든요. 일찍 일어나기 시작한 후부터 택시를 안 타니까 생활비도 적게 들더라고요.

2) 남 이 영화 재미있겠다. 우리 토요일에 이 영화 보자.

여 아니, 됐어. 나는 그런 데 쓰는 돈이 제일 아깝더라. 영화는 그냥 집에서 봐도 되잖아.

3) 남 이번 달에도 휴대폰 요금이 10만 원이 넘었네.

여 그렇게 많이 내? 핸드폰 요금 할인해 주는 카드 없어? 그걸로 내면 얼마 안 나오는데.

 들어요 2

103

여 어서 오세요.

남 저, 아르바이트생 구하는 글 보고 왔는데요.

여 아, 네. 아르바이트하시려고요?

남 네. 배달 아르바이트 맞지요?

여 주로 배달을 하는데요. 바쁠 때는 가끔 서빙도 해야 돼요. 그런데 운전 면허증은 있으세요?

남 네, 면허증 있어요. 그런데 시급은 어떻게 돼요?

여	처음에는 8,500원이고 3개월 후부터는 9,000원이에요.
남	아, 그럼 근무 시간은요?
여	오후 6시에 출근해서 10시까지 해 주시면 돼요. 일주일에 한 번 월요일에는 쉴 수 있고요.
남	아, 10시까지 해야 돼요? 그렇게 늦게까지는 힘들 것 같아요.

🎧 들어요 3

여	보통 '돈을 모으려면 가계부를 써라.' 하는데 가계부 쓰는 것이 어떻게 도움이 되는 건가요?
남	가계부를 쓰면 돈이 어디에서 와서 어디로 가는지를 알 수 있죠. 그 흐름을 잘 보면 돈을 아낄 부분도 보이게 되고요. 제 주위에서는 이렇게 가계부를 써서 일 년에 오백만 원을 아끼신 분도 계셨습니다.
여	오백만 원이요? 대단하네요. 근데 저도 전에 가계부를 써 봤는데 곧 그만두게 되더라고요. 이런 것까지 써야 되나, 고민도 되고요.
남	그럴 때 도움이 되는 팁이 하나 있는데요. 십 원, 백 원, 천 원까지는 자세히 안 써도 됩니다. 작은 돈까지 하나하나 쓰다 보면 스트레스가 돼서 계속하기 어렵거든요. 요즘에는 간편하게 기록할 수 있는 가계부 앱도 많이 나와 있어서 재미있고 편리하게 쓸 수 있습니다.
여	아, 그렇군요. 저도 한번 알아봐야겠습니다.

🎧 더 들어요

여	계산하시겠어요?
남	네, 여기 카드로 할게요.
여	멤버십 카드 있으세요?
남	아니요, 없는데요.
여	그럼 만들어 드릴까요?
남	멤버십 카드가 뭐예요?
여	물건을 살 때 할인도 받고 포인트도 적립해 드리는 카드예요.

남	그거 만들려면 어떻게 해야 돼요?
여	멤버십 카드 신청서만 작성해 주시면 돼요.
남	그럼 오늘부터 적립할 수 있어요?
여	네. 여기에 이름과 연락처부터 적어 주시겠어요?

11과 문화생활

💡 생각해 봐요

남	티켓 확인하겠습니다.
여	네, 여기요.
남	네, C열 21번이시네요. 들어가셔서 오른쪽으로 가시면 됩니다.
여	네, 감사합니다.

🎧 들어요 1

112

1)	여	주말에 뭐 했어요?
	남	주말에 발레 공연 보러 갔어요. 제가 무용이나 춤을 좋아해서요.
2)	여	와, 가까이에서 보니까 정말 살아 있는 것 같아.
	남	그러게. 그린 게 아니라 사진으로 찍은 것 같다.
3)	여	이번 주가 벚꽃이 제일 예쁠 때래요. 우리는 꽃구경 안 가요?
	남	그럼 벚꽃 축제 하는 곳을 좀 알아볼까요?
4)	여	TV로 볼 때는 재미있는 줄 몰랐는데 여기 와서 보니까 정말 재미있네요.
	남	집에서 TV로 보는 거랑 야구장에 와서 보는 거랑은 너무 다르죠.

🎧 들어요 2

113

남	안나 씨, 다음 주 목요일 저녁에 회의할 수 있어요?
여	저 그날은 안 되는데요. 뮤지컬 예매한 게 있어요.

남 뮤지컬이요? 지난번에도 보지 않았어요? 정말 자주 보네요.

여 네. 뮤지컬을 정말 좋아해서요. 감동적인 작품은 여러 번 보기도 해요.

남 같은 것을 여러 번 봐도 재미가 있어요? 저처럼 문화생활 안 하는 사람은 이해가 안 되는데요.

여 뮤지컬 보신 적 없으세요?

남 몇 년 전에 본 적은 있는데 생각보다 별로였어요. 배우들 노래도 그저 그랬고요.

여 그랬어요? 그런데 잘 만들어진 작품을 보면 그런 생각 바뀔 거예요. 다음에 제가 좋은 작품 추천해 드릴게요.

남 그래요. 추천해 주시면 한번 볼게요. 그럼 우리 회의는 언제 할까요?

여 다음 주 목요일만 아니면 언제든지 괜찮아요.

 들어요 3

 114

남 정 선생님, 학생들 문화 체험으로 갈 만한 좋은 곳 없을까요?

여 보통 박물관이나 미술관 같은 데 가지 않았어요?

남 네. 그런 데 자주 갔는데 학생들이 별로 안 좋아하더라고요. 좀 새로운 곳을 찾고 있어요.

여 그럼 서울 도보 여행은 어때요? 저도 지난달에 해 봤는데 정말 좋았어요.

남 서울 도보 여행이요?

여 네. 서울 여기저기를 걸어 다니면서 구경을 하는 거예요. 전문 가이드가 설명을 해 주니까 배우는 것도 많고 지금까지 서울에 살면서 한 번도 안 가 본 곳도 가게 돼서 재미있었어요.

남 그래요? 좋아 보이네요. 단체로 많이 가면 할인도 받을 수 있을까요?

여 개인이 신청하는 거라서 단체 할인은 없었어요. 자세한 것 알고 싶으면 홈페이지에서 알아보세요. 거기서 예매도 할 수 있어요.

남 아, 네. 그럴게요. 좋은 정보 고맙습니다.

 더 들어요

 115

남 네, 그럼 다음 작품으로 넘어가 보겠습니다. 이쪽으로 오세요. 〈잠시 후〉 이 작품, 많이 익숙하실 거예요. 그런데 그림 제목을 아시는 분은 많지 않은데요. 이 작품의 제목은 '와인 한 잔 그리고 나'입니다. 이 화가는 평생을 쉬지 않고 그림을 그렸는데 주로 자기 주변의 사람들을 많이 그렸습니다. 이 작품이 유일하게 자기 자신을 그린 건데요. 이 작가의 작품 중 가장 비싸게 팔린 작품이기도 합니다. 한국에서 이 작품이 전시된 것도 이번 전시회가 최초, 처음입니다.

12과 공공장소

 생각해 봐요

 121

남 그럼 비자 연장 신청은 다 된 거예요?

여 네, 신청은 되셨고요. 3주 정도 후에 문자 메시지 드릴게요. 그 후에 사무실에 가서 찾으시면 됩니다.

남 네, 감사합니다.

 들어요 1

122

1) 남 지하철에서 휴대폰을 사용해도 돼요?

여 네, 해도 돼요. 큰 소리로 말하는 거 아니면 괜찮아요.

2) 여 손님, 여기는 음료는 가지고 들어오실 수 없습니다.

남 아, 알겠습니다.

3) 남 저 죄송한데 지금 들어갈 수 있을까요?

여 네, 아직 시작 안 했으니까 들어가셔도 됩니다.

4) 남 공연장 안에서는 모든 사진 촬영이 금지입니다.

여 그래요? 기념으로 한 장 찍고 싶었는데.

남 공연장 밖에 사진 찍을 장소가 마련되어 있습니다.

들어요 2

123

남 저, 해외로 물건을 보내려고 하는데요.

여 그럼, 포장을 하셔야 하는데요. 저쪽에 있는 종이 상자 중에 골라서 포장해 주세요. 그리고 이것도 작성해 주시고요. 주소, 연락처 모두 정확히 쓰셔야 해요.

남 네.

〈잠시 후〉

남 여기요.

여 네, 물건은 여기 저울 위에 올려놔 주세요. 내용물이 뭐예요?

남 옷하고 인형이에요. 선물로 보낼 거예요.

여 구입하실 때 가격이 얼마인지도 여기에 써 주세요.

남 아, 네. 빨리 가는 걸로 보내 주세요.

여 네, 알겠습니다. 비용은 카드로 계산하시겠어요?

남 네, 카드로 할게요. 여기요.

여 도착하면 연락처로 문자 안내가 갈 거예요.

남 네, 감사합니다.

들어요 3

124

여 도서관 카드를 만들려고 하는데요.

남 도서관 회원 카드 발급 받으시려는 거죠? 바로 발급은 어렵고요. 먼저 도서관 홈페이지에서 회원 가입을 하셔야 해요.

여 어제 가입했어요.

남 아, 그러세요? 그럼 바로 만드실 수 있겠네요. 신분증도 가지고 오셨죠? 신분증 좀 주시겠어요?

여 여기요.

남 네. 회원 카드에 들어갈 사진이 필요한데요. 저쪽에 가시면 찍어 드립니다.

여 저쪽이요? 감사합니다.

〈잠시 후〉

남 네, 여기 회원 카드 나왔습니다. 책 대출은 다섯 권까지 되고요. 15일간 빌릴 수 있습니다.

여 고맙습니다.

더 들어요

125

남 아파트 주민 여러분께 안내 말씀드립니다. 우리 아파트는 전 지역이 금연 구역입니다. 계단 또는 집 안의 발코니나 욕실 내에서 흡연을 하는 경우가 있는데 창문을 통해 연기와 냄새가 위아래 여러 층에 전달됩니다. 쾌적한 환경을 위해 주의 부탁드립니다. 이상 관리사무소에서 안내 말씀드렸습니다.

고려대 재미있는 한국어 ③

듣기 Listening

초판 발행	2020년 9월 25일
초판 2쇄	2022년 11월 25일
지은이	고려대학교 한국어센터
펴낸곳	고려대학교출판문화원
	www.kupress.com
	kupress@korea.ac.kr
	02841 서울특별시 성북구 안암로 145
	Tel 02-3290-4230, 4232
	Fax 02-923-6311
유통	한글파크
	www.sisabooks.com/hangeul
	book_korean@sisadream.com
	03017 서울시 종로구 자하문로 300 시사빌딩
	Tel 1588-1582
	Fax 0502-989-9592
일러스트	정회린, 황주리
편집디자인	한글파크
찍은곳	(주)동화인쇄
ISBN	979-11-90205-00-9 (세트)
	979-11-90205-93-1 04710

값 12,000원